Daniela Weller

Planung und Kalkulation eines Notebook-Systems gemäß Kundenauftrag einschl. Anforderungsanalyse, Beratung und Schulung

Externes Projekt

GRIN Verlag

Bibliografische Information der Deutschen Nationalbibliothek:

Die Deutsche Bibliothek verzeichnet diese Publikation in der Deutschen National-
bibliografie; detaillierte bibliografische Daten sind im Internet über http://dnb.d-
nb.de/ abrufbar.

Impressum:

Copyright © 2008 GRIN Verlag, Open Publishing GmbH
Druck und Bindung: Books on Demand GmbH, Norderstedt Germany
ISBN: 978-3-640-76886-8

Dieses Buch bei GRIN:

http://www.grin.com/de/e-book/160270/planung-und-kalkulation-eines-notebook-
systems-gemaess-kundenauftrag-einschl

Planung und Kalkulation eines Notebook-Systems gemäß Kundenauftrag einschl. Anforderungsanalyse, Beratung und Schulung

Abschlussprüfung Sommer 2008

im Beruf Informations- und Telekommunikationssystem-Kauffrau

Projektbetreuung:

FANTASIE

Teststr. 54
02222 Testhausen

Ausbildungsbetrieb:

muSTER Innovation GmbH
Muster Str. 130
01111 Mustau

Inhaltsverzeichnis

1. Projektverlauf

1.1. verbale Darstellung

Projektbezeichnung:

⇨ **Externes Projekt**

Planung und Kalkulation eines Notebook-Systems gemäß Kundenauftrag einschl. Anforderungsanalyse, Beratung und Schulung

Projektbeschreibung:

Eine 54jährige Kundin ohne IT-Erfahrung möchte ein Notebook erwerben. Der Zugang ins Internet kann nur mit einer WLAN-Lösung erfolgen. Dies ist notwendig, da keinerlei technische Voraussetzungen wie z. B. ISDN-DSL vorhanden sind. Die Tochter der Kundin lebt im gleichen Haus und nutzt vorwiegend geschäftlich das eigene Notebook. Unsere Kundin möchte ihre Tochter bei der Arbeit unterstützen. Aus diesem Grund ist die Netzwerkfähigkeit und Internetanbindung des neuen Notebooks sicherzustellen. Softwareseitig müssen alle Funktionen für TV, Internet und E-Mail in das System integriert sein, sowohl die notwendige Software für die Video- und Bildbearbeitung als auch ein Textverarbeitungs- u. Tabellenkalkulationsprogramm. Das Notebook soll mit einem großen Display mit guter Auflösung und einem Akku mit hoher Laufzeit ausgestattet sein. Eine Festplatte mit hoher Speicherkapazität, eine leistungsstarke Grafikkarte sowie ein DVD DL Brenner mit integriertem CD-R/RW-Laufwerk ist für die Bild- und Videobearbeitung hardwareseitig entsprechend einzuplanen. Ebenso wird ein Drucker benötigt.

Zeitplanung

Projektschritt	Erklärung	h
Soll-/Ist-Analyse	Ermittlung des Ist-Zustandes und Erstellung des Soll-Konzeptes	3
Festlegung d. techn. Kundenanforderungen	Festlegung der techn. Anforderungen der benötigten Hardware und Software in Zusammenarbeit mit den Praktikumsbetrieb	5,5
Festlegung des Finanzrahmens	Im Gespräch mit der Kundin wird die Finanzierungshöhe festgelegt, die für dieses Notebook-System zur Verfügung steht.	0,5
Einholen von Angeboten	Suche nach Angeboten, die die Anforderungen erfüllen (u. a. Webrecherche)	8
Angebotsauswahl/Kalkulation	Vergleich der Angebote nach finanziellen und technischen Aspekten sowie Auswahl der Hardware und Software, die für die Anforderungen am besten geeignet sind (Angebotsvergleich)	6
Aufbereitung der WLAN-Lösungen	Zusammenstellung und Vergleich aller WLAN-Lösung mit Auswahl nach den gegebenen Bedingungen vor Ort	4
Dokumentation der Ergebnisse	Erstellen der Projektdokumentation	8
Präsentation		

1.2 grafische Darstellung

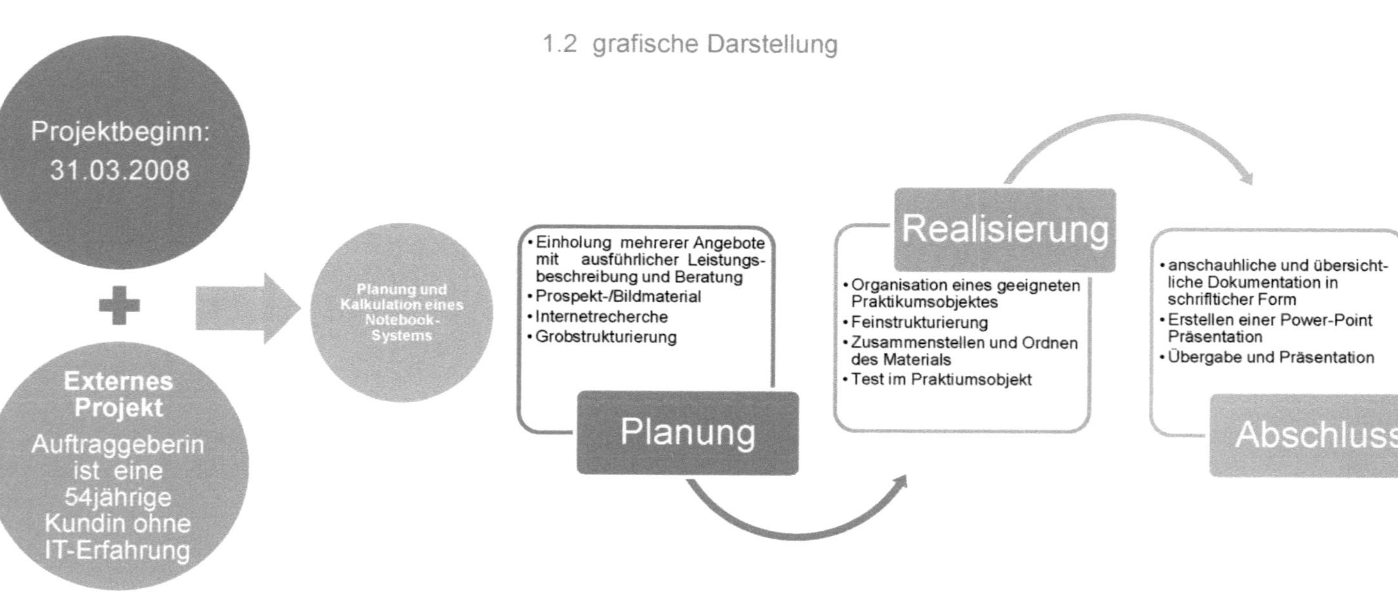

2. Problemstellung

2.1   Externes Projekt

Im Unterschied zu den eher einmaligen und sehr unterschiedlichen internen Projekten sind externe Projekte meistens Kundenprojekte, d. h. sie sind mit einer Leistung und/oder einem Produkt, das das Unternehmen verkauft, verbunden. Dies ist auch in meinem Fall so.

Externe Kunden haben zunächst einen Bedarf oder ein Problem. Meist beginnt ein externes Projekt mit einer Angebotsanfrage. Die Erstellung eines Angebotes ist eine aufwendige Angelegenheit. Da über die Hälfte der Angebote im Papierkorb landen, soll die mit der Erstellung des Angebotes betraute Person vorerst die Echtheit der Kaufabsicht prüfen und herausfinden, ob der Kunde genau weiß, was er will. Ein Vorgespräch mit dem potenziellen Kunden soll mindestens folgende Fragen klären:

▶ Wann benötigt der Kunde das Angebot?
▶ Entscheidet der Kunde allein über die Auftragsvergabe?
▶ Was sind die Entscheidungskriterien?
▶ Was sind die Muss-Ziele?
▶ Was sind die wichtigsten Wunsch-Ziele?
▶ Worauf kommt es noch an?
▶ Will der Kunde kaufen?

Das Angebot für den Kunden muss termingerecht, vollständig und inhaltlich korrekt erstellt werden. Anbieter und Kunde sollen in der Angebotsphase in sachlicher, formaler und finanzieller Hinsicht, ihre Risiken in Bezug auf die Verwirklichung des Projektes abwägen und sich als loyale Partner kennen lernen. Beide Partner sollten bestrebt sein, einen gegenseitig ausgewogenen Vertrag auszuhandeln. Da der Anbieter mit Fachwissen meist einem Laien gegenübertritt, ist es besonders wichtig, dass er nicht erkennbare Umstände und Tatsachen auf den Tisch bringt. Falsche Angaben in der Angebotsphase ermächtigen den Kunden zum Rücktritt vom Vertrag und bei bewusst gemachten falschen Angaben, haftet das Unternehmen.

2.1.1 Ist-Zustand

Die Ermittlung des Ist-Zustandes erfolgte in einem 2stündigem Gespräch mit der Kundin. Hier wurden die Eckpunkte des Auftrags ermittelt.

Da unsere Kundin Ihre Tochter bei der Arbeit unterstützen möchte, ist es wichtig zu wissen, mit welchem System die Tochter arbeitet, um auch später Kompatibilitätsprobleme ausschließen zu können.

Die Tochter arbeitet mit einem 17`` Schenker Notebook-System mit eingebautem SIM-Karten-Modul. Installiert ist eine OEM-Version von Microsoft Windows XP Home. Dazu ist Office Home and Student 2007 von Microsoft mit allen dazugehörigen Programmen eingebunden.

Der Zugang zum Internet erfolgt über das integrierte UMTS Broadband von vodafone .

In der Wohnung der Kundin ist außer einer Telefondose keinerlei geeignete Technik bzw. Verkabelung vorhanden, die einen reibungslosen und schnellen Internetzugang ermöglicht. Der Aufwand für eine nachträgliche Verkabelung im Haus ist der Kundin zu hoch und kommt somit nicht in Frage. Des Weiteren hat unsere Kundin im Umgang mit PC und Software keinerlei Vorkenntnisse, so dass ausführliche Beratung und Schulung notwendig sind.

2.1.2 Soll-Zustand

Ziel ist es, der Kundin ein Notebook-System zu planen und zu kalkulieren, das den neuesten technischen Anforderungen entspricht und ohne größere bauliche Maßnahmen oder technische Änderungen netzwerk- und internetfähig ist. Die Einbeziehung neuer Technologien ist deshalb von Bedeutung, um die Kundin auf den derzeitigen Stand der Technik entsprechend zu schulen, ohne dass sie im naheliegenden Zeitraum hard- oder softwareseitig umrüsten muss und somit Erlerntes sofort anwenden kann. Dieses Ziel soll in einem angemessenen Finanz- und Zeitrahmen erreicht werden.

2.1.3 Finanzrahmen

Im weiteren Gesprächsverlauf mit der Kundin wurden die finanziellen Aspekte geklärt. Grundlage des Gesprächs waren die zuvor mit ihr festgelegten technischen Voraussetzungen an das Notebook-System. Der finanzielle Rahmen wurde auf **2.000,00 €** seitens der Kundin festgelegt. Inbegriffen sind auch die Kosten für die Erstinstallation des WLAN-Modells. Anfallende Kosten für evtl. Schulungen sind in diesem Rahmen nicht berücksichtigt.

2.2 Vor- und Nachteile eines Notebooks

Notebooks haben heute genau die gleiche Funktionalität wie Desktop PCs. Sie eignen sich als Heimkino als auch zur großformatigen Bild- u. Videobearbeitung. Notebooks sind handlich und platzsparend. Ihre Mobilität ermöglicht u. a. die Verwendung im Freien oder im Zug. Internet-Zugang und Homebanking sind daher überall möglich. Notebooks werden immer leichter, der Monitor verschwindet vom Schreibtisch. Zahlreiche externe Geräte, d. h. solche, die nicht ins Notebook eingebaut sind, lassen sich problemlos anschließen.

Bei allen Annehmlichkeiten, die ein Notebook besitzt gibt es auch Nachteile. Notebooks sind teurer als Desktop PCs; sie sind weniger leistungsfähig und empfindlicher. Die Geräte können eine kürzere Lebenszeit haben und sind weniger ergonomisch. Sie haben eine geringere Soundqualität und das Display ist - je nach Preisklasse - oft schlechter als bei Desktop PCs (geringere Leuchtdichte, weniger brilliante Farben, geringerer Kontrast etc).

Man muss **vor dem Kauf** die benötigten Komponenten möglichst genau bestimmen, denn Nach- und Aufrüstung bzw. Reparatur durch den Eigentümer ist oft unmöglich; häufig sind nur Festplatte und Speicher austauschbar. Besonders für preisgünstige Notebooks sind keine Ersatzteile mehr erhältlich und wenn dann sind sie sehr preisintensiv. Kommt ein Notebook mit Flüssigkeiten in Kontakt, passiert es oft, dass das ganze Gerät entsorgt werden muss, während beim Desktop PC nur die Tastatur ausgetauscht wird.

Späteres Upgrading auf neuere Betriebssystemversionen ist wegen fehlender Spezialtreiber für die Notebook-Hardware schlechter und teurer bzw. nicht möglich. Deshalb sollte ein neues Notebook-System auch dem gegenwärtigen Stand der Technik entsprechen.

Beim Notebook-Vergleich ist man hohen Qualitätsschwankungen ausgesetzt. Daher ist die Prüfung vor Ort wichtig: ist der Bildschirm so, dass man davor stundenlang arbeiten kann, ist das Notebook leise genug, hat es die richtige Ausstattung, so dass Aufrüstung im naheliegendem Zeitraum nicht notwendig wird.

2.3 Vor-, Nachteile und Risiken des WLAN

Dank Wireless-LAN können Notebook-Besitzer in Küche, im Wohnzimmer, auf dem Balkon oder im Garten bzw. im Lieblingscafé surfen. So bieten Funknetzwerke eine wesentlich höhere Flexibilität als kabelgebundene Netze.

Eine lokale Verkabelung am Endgerät des Anwenders wird unnötig. Die kosten- und zeitintensive Verlegung von Kabeln entfällt. Der Installationsaufwand ist hier um ein vielfaches geringer und es entstehen keine Fehler durch mangelhafte Kabelverbindungen.

Wireless-LAN ist zwar einfach, aber auch gefährdet gegenüber Eingriffe von außen. Bei entsprechender Implementierung von Verschlüsselungs- und Authentifizierungsmaßnahmen ist jedoch ein Funknetzwerk nicht weniger sicher oder unsicher als ein kabelgebundenes LAN. Auf Netzwerkebene existieren die betriebssystemspezifischen Sicherheitsmöglichkeiten, so dass ein Funknetzwerk auch als Standleitungsnetz bestehen kann. Die Sicherheit der Funktechnologie liegt hier in eigener Hand, denn das Sicherheitssystem lässt sich genau den gewünschten Anforderungen anpassen. Wirkliche Nachteile hingegen sind:

- ⇨ beschränkte Reichweite
- ⇨ höhere monatliche Kosten
- ⇨ höherer Planungsaufwand auf Grund der Vielzahl von Lösungen am Markt

2.3.1 Voraussetzungen für das geplante WLAN

Das geplante WLAN-Modell soll die höchstmöglichen Sicherheitsstandards erfüllen und die bestmögliche Abdeckung erreichen. In diesem Punkt waren wir uns mit der Kundin einig und haben unsere Recherche begonnen.

Moderne Notebooks sind bereits im Standard mit einer integrierten, unsichtbaren Antenne und einem Chip mit Sender und Empfänger ausgerüstet. Damit kann ein kabelloses Netzwerk aufgebaut werden. Für das drahtlose Surfen ist eine Empfangs- und Sendestation (Access Point) notwendig. Dieser ist für jedermann zugänglich und meist kostenlos.

Da im Wohnungsumfeld der Kundin kein DSL-Anschluss vorhanden ist, muss ein WLAN-Modell geplant werden, welches außerhalb der Notebook-Hardware keinerlei Anschlusstechnik benötigt.

Das Ziel unserer Recherche war, die grundlegenden technischen Informationen über Wireless-LAN und verfügbare Standards herauszufinden.

2.3.2 Vergleich der WLAN-Technik

Derzeit existieren eine Vielzahl miteinander konkurrierender Lösungen am Markt. Viele Hersteller versuchen sich durch die Entwicklung eigener Standards und die Ausprägung besonderer Merkmale eine aussichtsreiche Startposition auf dem Markt zu verschaffen.

Durch eine Vielzahl von Vorschriften und Gesetzen in den unterschiedlichen Ländern, in denen WLAN betrieben wird, sowie durch immer höhere Sicherheitsanforderungen werden entsprechende Standards benötigt. Diese ermöglichen den Herstellern von WLAN-Produkten eine Kompatibilität untereinander. Somit ist eine Nutzung der Geräte in fast allen Ländern möglich

Als einen der wichtigsten Standards bezeichnet man den IEEE Standard. Die IEEE ist eine amerikanische Vereinigung von Ingenieuren zur Erstellung von Industriestandards und Normen. Die WLANA (Wireless LAN Association) ist eine gemeinnützige Handels-Vereinigung und versteht sich als Wegbereiter für öffentlich drahtlose Netzwerke. Sie unterstützt die Vermarktung des IEEE801.11 Standards durch Öffentlichkeitsarbeit und Marketing. Die WECA (Wireless Ethernet Compatibility Alliance) ist ein Zusammenschluss mehrerer Unternehmen mit einem unabhängigen Testlabor. Sie überwacht und zertifiziert unter der Bezeichnung Wi-Fi (Wireless Fidelity) die Kompatibilität zwischen den nach IEEE Standard arbeitenden Geräten. Beim Kauf von WLAN Produkten sollte auf das Vorhandensein dieses Zertifikates geachtet werden, um uneingeschränkt auch andere WLAN-Umgebungen, wie z. B. Hotspots nutzen zu können. Vom benannten IEEE Standard 802.11 gibt es inzwischen mehrere Abwandlungen, die von fast allen Herstellern in die Produkte integriert wurden.

Alle großen Hersteller setzen auf den neuen Funk-Standard IEEE802.11n, der auch unter dem Namen MIMO (Multiple Input Multiple Output) bekannt ist. Im Nahbereich versprechen die Hersteller mit bis zu 300 Mbit/s bis zu 6 mal höhere Datenraten als mit dem 802.11g Standard. Vor allem über größere Entfernungen soll diese Technik deutlich höhere Datenraten ermöglichen.

Um die hohe Geschwindigkeit nutzen zu können, sollten **n-Router und WLAN-Karte vom gleichen Hersteller** stammen.

Alle Netzwerkstandards sind miteinander kompatibel. Das bedeutet: Auch in einem schnellen n-Netz können Geräte mit b- oder g-Standard funken und Daten tauschen, nur etwas langsamer.

Weitere Standards zur Datenübertragung per Funk im Nahbereich sind HiperLAN Typ 1 und 2, HomeRF und Bluetooth. Von diesen 3 Standards hat aber lediglich Bluetooth praktische Bedeutung.

Diese Vielzahl von bestehenden Standards kann in Kundenkreisen zu hohen Verunsicherungen führen. Aber man kann davon ausgehen, dass die meisten Standards mittlerweile eine gewisse Reife erreicht haben und durch ihre enorme Verbreitung auf dem Weltmarkt höchstmögliche Kompatibilität ermöglichen. In Zukunft werden lediglich weitere Standards zur Sicherheits- und länderübergreifenden Kompatibilitätsverbesserung in Funknetzwerden entwickelt werden. Die meisten öffentlichen WLAN basieren auf dem 802.11g Standard weltweit. Durch die Anschaffung entsprechender Technik kann man überall auf der Welt einen störungsfreien Zugang zu einem öffentlichen WLAN erhalten. Durch immer höhere Anforderungen wird die Weiterentwicklung Übertragungsraten von mehr als 100 Mbit zulassen, so dass es keine großen Unterschiede mehr zum heutigen Ethernet geben wird.

Vergleich der IEEE Standards

Protokoll	Frequenz	maximale Datenrate	Reichweite in Gebäuden
802.11	2,4 GHz	0,9 Mbit/s	
802.11a	5 GHz	54 Mbit/s	
802.11b	2,4 GHz	11 Mbit/s	3 Wände 3 Decken
802.11g	2,4 GHz	54 Mbit/s	5 Wände 4 Decken
802.11n	5 GHz	248 Mbit/s	5 Wände 3 Decken
802.11y	3,7 GHz	54 Mbit/s	

Die Herstellerangaben bezüglich Reichweite und Datendurchsatz orientieren sich in der Regel an Wunschvorstellungen, in denen Stahlbetonwände bei Übertragungen keine blockierende Rolle spielen sollen – eben reines Marketing. Aber gerade diese Werte sind entscheidend für die Auswahl eines WLAN-Systems. Aus diesem Grund habe ich mir einen objektiven Überblick über die sich am Markt befindlichen Systeme verschafft, um Vergleichsdaten zu erhalten. Unter www.connect.de und www.computerbild.de sind einige Testberichte veröffentlicht, die die praktische Umsetzung der WLAN-Technik beleuchten. Der Datendurchsatz wurde mit Routern unterschiedler Hersteller ermittelt. Alle getesteten Router laufen über die am häufigsten verwendeten 802.11g- und 802.11n-Standards.

Hersteller	Mbit/s bei Sichtverbindung 30 m	Mbit/s bei 30m + 2 Wänden	Angabe Hersteller in Mbit/s	
Linksys	54,4	24,7	80	
D-Links	93,5	28,5	120	
Belkin	27,2	17,6	70	
Apple	80,0	54,4	120	
Netgear	78,5	49,7	120	

Funkqualität der Router: g-Standard (grün), n-Standard (orange), 5 GHz-Bereich (blau)
Quelle: www.computerbild.de

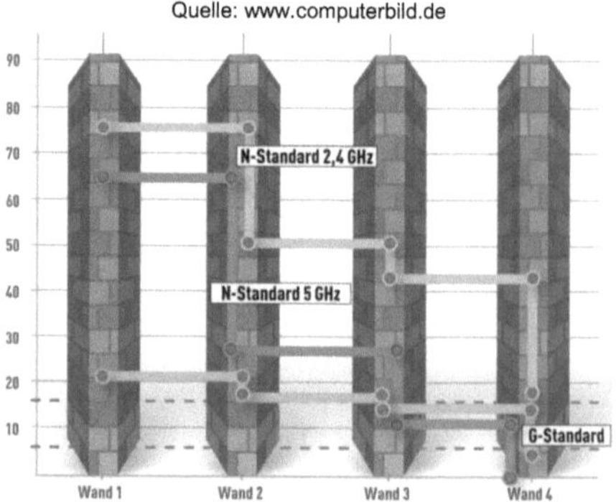

3. Betriebliche Dokumentation der Ergebnisse

Der gewünschte Soll-Zustand lässt sich mit den Mitteln der WLAN-Technologie sehr gut herstellen. Gängige Argumente, die gegen ein Wireless-LAN sprechen, lassen sich mit dem aktuellen Wissensstand relativ leicht entkräften. So ist etwa die Sicherheit bei entsprechender Implementierung der vorhandenen Sicherheitsrichtlinien nicht geringer zu bewerten als beim kabelgebundenen LAN. Auch die Gesundheitsgefährdung durch elektromagnetische Strahlung ist kein Argument gegen WLAN. Die Sicherheit von Personen im elektromagnetischen Umfeld eines Funknetzwerkes ist gegeben, da die gesetzlich festgelegten Grenzwerte unterschritten werden.

3.1 Angebotsvergleich

Bei der Vielzahl von Notebook-Anbietern habe ich mich bei der Suche auf die Notebooks beschränkt, die ein UMTS-Modem integriert haben. Diese Vorgehensweise schränkte die Auswahl erheblich ein. Übrig geblieben sind folgende Anbieter:

Innerhalb dieser Anbieter-Auswahl habe ich meine Suche weiter eingeschränkt, in dem ich Angebote für Notebooks mit 17"-Displays gefiltert habe. Diese wiederum wurden mit den Kundenanforderungen verglichen und somit konnten 2 Anbieter in die engere Wahl einbezogen werden – Acer und Schenker.

3.1.1 Hardwarevergleich

Leistungsmerkmale

	mysn Schenker	Acer
Prozessor	Intel 2,1 GHz	AMD 1,9 GHz
RAM	4096 MB	3072 MB
Festplatte	200 GB	500 GB
Laufwerk	DVD (Dual Layer)	DVD (Double Layer)
Akkuleistung	bis 2,5 h	bis 4 h
Gewicht	3,95 kg	3,8 kg
Besonderheiten	inkl. Webcam	inkl. Webcam

Im Notebook von Acer ist ein SIM-Karten-Modul, eine Verbindungssoftware und die Daten-SIM-Karte für die UMTS-Broadband-Technologie von Vodafone vorkonfiguriert. So bleiben Hard- und Softwarekonflikte ebenso aus wie lange Installations- oder Setup-Prozeduren.

Zwischen im Notebook fest eingebauten UMTS-Modem und einer Datenkarte gibt es grundsätzlich keine Unterschiede bei den Übertragungsraten. Der einzige Unterschied ist, dass keine Antenne übersteht, wie es bei vielen aus dem Schacht herausragenden Datenkarten der Fall ist.

3.1.2 Softwarevergleich

Microsoft Office Home and Student 2007

Office 2007 unterstützt den Benutzer mithilfe umfassender Sätze an Werkzeugen auf einer neuen effizienteren Benutzeroberfläche. Das Paket enthält Word, Excel, Power Point, Outlook und OneNote (Notizbuch) und ist zum Preis von **122,99 €** inkl. Mwst. erhältlich. Sämtliche in Punkt 4.5 aufgeführten Kursempfehlungen basieren auf das Office 2007-Paket, so dass eine 1 : 1 Umsetzung seitens der Wünsche unserer Kundin ermöglicht wird.

StarOffice 8

ist die preiswertere Alternative zum Office 2007-Paket. Es ist für alle Windowsanwendungen geeignet und kompatibel mit Microsoft Office, so dass vorhandene Office-Dokumente verwendet werden können. Als Standard-Browser ist Mozilla und als E-Mailprogramm Thunderbird integriert. Die Suite enthält umfassende, plattformübergreifende Büroanwendungen mit 5 Komponenten – Writer (Textverarbeitung), Impress (Präsentationen), Calc (Tabellenkalkulation), Draw (Grafiken) und Base (Datenbanken). Die Standard-Edition, die für den privaten Gebrauch völlig ausreichend ist erhält man bereits zum Preis von **59,95 €** inkl. Mwst.

Adobe Photoshop Elements 6 (Bildbearbeitung)
Adobe Premiere Elements 4 (Videobearbeitung)

Adobe® Photoshop® Elements 6 & Adobe Premiere® Elements 4 vereint zwei leistungsstarke Produkte zu einer preisgünstigen Komplettlösung für digitale Bild- und Videobearbeitung. Von beiden Programmen aus ist ein Zugriff auf alle Bild- und Videodateien möglich. So lassen sich rasch und mühelos Diashows, eindrucksvolle Standbildeffekte u. v. a. m. erstellen. Die fertigen Kreationen können im Web oder auf selbst gestalteten DVDs gesichert werden. Die beiden Versionen sind komplett zum Preis von **148,75 €** erhältlich.

Pinnacle Studio Plus Version 11

Pinnacle Studio™ Plus Version 11 enthält eine Vielzahl an automatischen und praktischen Funktionen, die alle Anforderungen an die Videobearbeitung erfüllen. Die Software erkennt Szenen automatisch und erzeugt Clips, die per Drag-and-Drop in das Video-Projekt gezogen werden können. Der Preis beträgt **99,90 €**.

PhotoImpact 12

PhotoImpact ist ein umfangreiches Bildbearbeitungspaket für Einsteiger. Das Verwalten und Bearbeiten von Fotos und Grafiken ist mit Hilfe der Korrektur- und Optimierungsfunktionen schnell erlernbar. Mit zahlreichen Tools lassen sich anhand einfacher Anleitungen Grafiken erstellen und ändern. Das Komplettpaket ist für **56,00 €** erhältlich.

Beide Pakete zusammen: 155,90 €

3.1.3 Preisvergleich

Schenker Notebook (mysn)	
Artikel	**Preis**
Intel Notebook 17" M570RU	**1.588,90** einschl. Mwst.
(einschl. Betriebssystem Windows Vista, TV-Karte, Netzteil, WLAN-Modul und Notebook-Tasche)	

Acer Notebook	
Artikel	**Preis**
Modell TravelMate 17" 7520G-703G50	**1.437,00** einschl. Mwst.
(einschl. Betriebssystem Windows Vista, TV-Karte, Netzteil, WLAN-Modul und Notebook-Tasche)	

<u>(Anlagen 1 und 2)</u>

3.1.4 Service- und Garantieleistungen

mySN® Schenker Notebook bietet einen umfangreichen, persönlichen Service.

Käufer eines mySN® Notebooks erhalten mit der Basisgarantie einen kostenlosen Pickup & Return-Service. Treten innerhalb von 24 Monaten technische Defekte auf, wird das Notebook am nächsten Werktag von einem Logistikpartner abgeholt und nach erfolgter Reparatur so schnell wie möglich wieder zugestellt.

Gegen eine Zuzahlung, deren Höhe vom Wert des jeweiligen Artikels abhängt, können Leistungen aus der Basisgarantie auf die 36-monatige Premiumgarantie erweitert werden.

Treten Defekte am Notebook auf, ist eine Hotline entsprechend eingerichtet.

mySN® Notebook garantiert auf der Website eine flexible Reklamations-Abwicklung, damit eventuelle Ausfallzeiten so gering wie möglich bleiben.

Auf der Website von Acer findet man aktuelle Treiber und Utilities für sämtliche Acer Produkte. Alle Treiber sind nach Produktkategorien und Modellen geordnet, des weiteren hat man Zugriff auf den ftp-Bereich. Ebenso sind Ansprechpartner für Service, Reparaturen und Garantieabwicklung bei Acer zu finden.

Auch das Verhalten bei defekten Geräten ist von der Hotline, Einsendung über die Reparatur bis hin zum Rückversand klar und übersichtlich organisiert.

Die Garantiebestimmungen gehen bei Acer über die gesetzlichen Regelungen hinaus. Auf Acer-Hardware erhält man 2 Jahre Garantie inkl. 1 Jahr International Travellers Warranty. Die Garantiefrist beginnt mit dem Kaufdatum. Als Nachweis gilt die Originalrechnung. Eingeschränkt ist lediglich die Garantie für Datenträger & Software.

3.2 UMTS

UMTS (Universal Telecommunication System) ist der neue weltweite Standard für die Mobilkommunikation. Sprache, Texte, Daten, Musik und Video lassen sich mit UMTS schnell versenden und empfangen. UMTS ist eine zusätzliche Technologie neben WLAN, hinter der die neuen mobilen Multimediaerfahrungen stehen.

Grundsätzlich ist UMTS für alle Kunden sinnvoll, die mobile Datendienste nutzen wollen, um beispielsweise wichtige E-Mails unterwegs zu bearbeiten, eigene Fotos oder Videoaufnahmen zu versenden, oder um einfach bequem und schnell im Internet zu surfen. Mit Hilfe von UMTS steht eine Datenübertragungsrate zur Verfügung, die man nur vom Festnetz-PC gewöhnt ist.

3.2.1 HSDPA

HSDPA (High Speed Downlink Packet Access) ist ein UMTS-Übertragungsverfahren. Durch dieses Übertragungsverfahren werden unglaubliche Verbindungsgeschwindigkeiten möglich, bis 2009 sollen es bis 7,2 Mbit/s sein.

Neben schnellen Datenraten sorgt HSDPA auch dafür, dass der gleichzeitige Zugriff mehrerer Nutzer auf eine UMTS-Zelle besser organisiert wird. Das heißt: Mehr Teilnehmer können gleichzeitig mit hohen Datenraten online sein. Zur Nutzung von HSDPA benötigt man eine HSDPA-fähige Notebookkarte. Diese bringt die erforderliche Software mit, die sich leicht installieren lässt.

3.2.1.1 Datenübertragungsraten und Verbreitung

In Gegenden mit UMTS-Netzdeckung werden in der Spitze Bandbreiten von bis zu 384 Kbit/s erreicht. Gebündelt mit HSDPA ist das Surfen an vielen Stellen schon mit DSL-Geschwindigkeit von 3,6 Mbit/s möglich, so dass dieses Übertragungsverfahren einen DSL-Anschluss ersetzt.

Die Netzbetreiber, wie T-Mobile und Vodafone, haben sich anfänglich auf Städte und Gebiete ab einer Einwohnerzahl von 100.000 Menschen konzentriert.

Nach und nach wurden auch bevölkerungsschwächere Gegenden mit einem UMTS-Netz ausgerüstet. Auf den Internetseiten der einiger Netzbetreiber werden Informationen zur Verfügbarkeit von UMTS angeboten. Ich habe die Seiten von T-Mobile, Vodafone, e-plus und O_2 diesbezüglich näher untersucht.

Bei T-Mobile ist nach Eingabe der PLZ oder des Ortes ein in hellgrau und dunkelgrau dargestellter Kartenausschnitt zu sehen. An den dunkelgrauen Stellen ist die UMTS/HSDPA-Abdeckung ablesbar. Daraus ist zu erkennen, dass vor allem der innerstädtische Bereich abgedeckt ist. Die ländlichen Gegenden sind entweder gar nicht oder nur geringfügig versorgt. Zu erkennen ist auch nicht, ob HSDPA generell in die UMTS-Abdeckung implementiert wurde.

Bei Vodafone gestaltet sich die Suche nach der Netzabdeckung wesentlich benutzerfreundlicher. Hier gibt man die betreffende PLZ oder den Ort ein und man erhält den passenden Kartenausschnitt, den man beliebig navigieren kann.

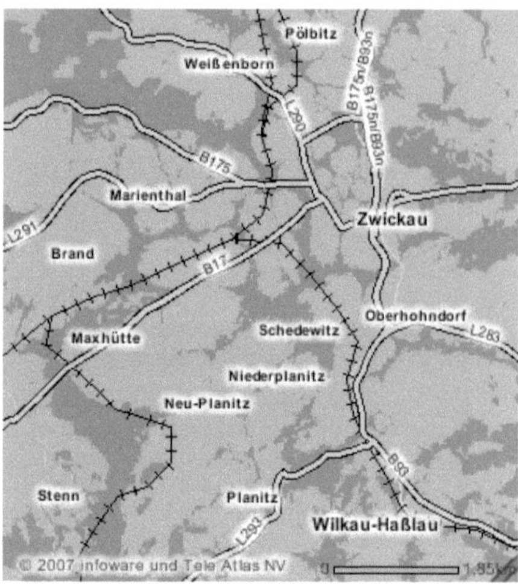

Hier erkennt der Nutzer anhand einer Farbskala sofort, ob eine UMTS- bzw. HSDPA-Abdeckung im Wohnumfeld vorhanden ist. Rot kennzeichnet die UMTS-Outdoor-Abdeckung und grün zusätzlich die HSDPA-Outdoor-Abdeckung.

Unsere Kundin lebt in der Innenstadt von Zwickau und kann an Hand der Karte HSDPA als sinnvolles Extra nutzen. UMTS ist generell im gesamten Zwickauer und Chemnitzer Raum voll abgedeckt.

Bei E-Plus ist die Eingabe der PLZ oder des Ortes möglich, so dass eine zielgenaue Information möglich ist. Die Funkversorgung mit UMTS konzentriert sich auch hier nur im innerstädtischen Bereich. Der gesamte Zwickauer und Chemnitzer Landkreis ist nur mäßig oder überhaupt nicht versorgt. Lediglich die GSM/GPRS-Abdeckung ist überall realisiert.

Bei O_2 gestaltet sich die Suche nach der Funkabdeckung anders.

Hier gibt man zwar auch die PLZ oder den Ort ein, es wird jedoch anstatt einer Karte eine Tabelle mit Informationen zur Netzabdeckung dargestellt.

Der Vorteil dieser Darstellung ist, dass O_2 die Trennung innerhalb und außerhalb von Gebäuden vornimmt. Bei den vorangegangenen Netzbetreibern wird die Netzabdeckung nur außerhalb von Gebäuden dargestellt.

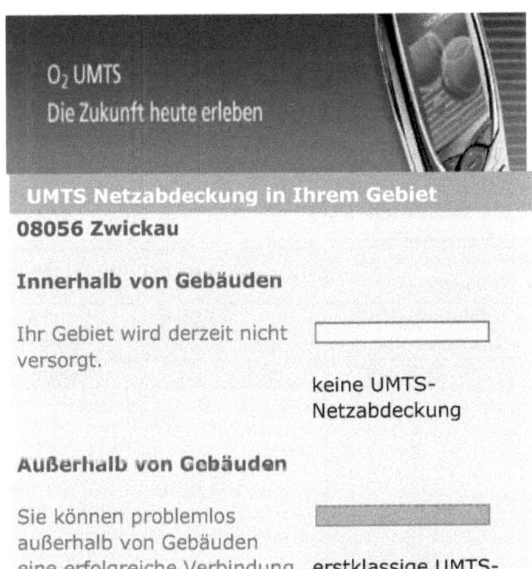

3.2.1.2 Anbieter und Tarife

Wer UMTS mit dem Notebook nutzen möchte, kann dies über einen Handyvertrag tun. Die Verbindungspreise sind allerdings sehr hoch, wenn keine zusätzlichen Datenoptionen gebucht werden. Bei regelmäßiger Nutzung empfiehlt sich daher ein Datentarif als Ergänzung zum normalen Spartarif.

Möchte man eine Notebook-Karte für UMTS verwenden, sollte auf jeden Fall eine zweite Sim-Karte zur Verfügung stehen. Andernfalls müsste die Karte ständig zwischen Handy und Notebook getauscht werden. Bei einigen Anbietern muss dafür ein weiterer Vertrag abgeschlossen werden, andere schalten eine Daten-Option einfach auf einer zweiten Sim-Karte frei.

Alle deutschen Netzbetreiber bieten eine Datenflatrate für kleines Geld an. Mit einer UMTS- bzw. HSDPA-Flatrate ist man stets auf der sicheren Seite, da keine unerwarteten Zusatzkosten für das mobile Surfen entstehen können.

Alle verfügbaren Flatrates beinhalten entweder ein unbegrenztes Datenvolumen oder tolerieren es, wenn das großzügig bemessene Volumen einmalig überschritten wird (T-Mobile, Vodafone). Lediglich O_2 verzeiht es seinen Kunden nicht, wenn mehr Daten verbraucht werden als inklusive sind.

Die nachfolgende Tarifübersicht soll Transparenz im Tarifdschungel der bereits im Gliederungspunkt 3.2.1.1 genannten Netzbetreiber schaffen. Ich beschränke mich auf diese 4 Anbieter, da diese eingeschränkt oder im vollen Umfang eine UMTS-Abdeckung im Wohnumfeld unserer Kundin gewährleisten. Außerdem werde ich nur diese Tarife filtern, die für eine normale Internetnutzung geeignet sind. Im Anschluss daran ist ein direkter Vergleich mit dem günstigsten DSL-Tarif möglich.

T···Mobile·

Wird in einem Monat mehr Volumen verbraucht als inklusive ist, berechnet T-Mobile dafür nichts extra, sofern es nicht 2 Monate in Folge passiert.

Details	web 'n' walk Medium	web 'n' walk Basic
monatlicher Grundpreis	9,00 €	5,00 €
monatlicher Optionspreis	35,00 €	20,00 €
Gesamtpreis	**44,00 €**	**25 €**
Inklusivvolumen	400 MB	200 MB
WLAN Inklusivzeit	20 Stunden	3 Stunden
	1,00 €	49,59 €

vodafone

Wird in einem Monat mehr Volumen verbraucht als inklusive ist, berechnet vodafone dafür nichts extra, sofern es nicht 2 Monate in Folge passiert.

Details	Mobile Connect Flat Plus	Mobile Connect Flat
monatlicher Grundpreis	9,52 €	9,52 €
monatlicher Optionspreis	49,95 €	34,95 €
Gesamtpreis	**59,47 €**	**44,47 €**
Inklusivvolumen	unbegrenzt	1000 MB
Inklusivzeit	unbegrenzt	unbegrenzt
	1,00 €	1,00 €

e·plus+

Jedes weitere MB kostet 0,50 €!

Details	Internet Flatrate (HSDPA nicht verfügbar)	Internet 250 (HSDPA nicht verfügbar)
monatlicher Grundpreis	25,00 €	10,00 €
monatlicher Optionspreis	25,00 €	10,00 €
Gesamtpreis	**50,00 €**	**20,00 €**
Inklusivvolumen	unbegrenzt	250 MB
Inklusivzeit	unbegrenzt	unbegrenzt
	1,00 €	1,00 €

O₂

Jedes weitere MB kostet 0,50 €!

Details	Internet-Pack-L	Internet-Pack-M
einmaliger Anschlusspreis	(25,00 €)	(25,00 €)
monatlicher Optionspreis	25,00 €	10,00 €
Gesamtpreis	**25,00 €**	**10,00 €**
Inklusivvolumen	5000 MB	200 MB
Inklusivzeit	unbegrenzt	unbegrenzt
	1,00 €	1,00 €

Im Vergleich einen DSL-Tarif von T-Home:

Mit dem Call & Surf Comfort bietet T-Home allen DSL-Kunden ein Rund-um-Sorglos-Paket. Für nur **39,95 Euro im Monat** erhält man einen Telefonanschluss mit bis zu 6 Mbit/s schneller DSL-Leitung und DSL-Flatrate. Außerdem sind alle Gespräche ins deutsche Festnetz inklusive und die Bereitstellung ist kostenlos.

Erhebliche Preisunterschiede einer DSL-basierten Flatrate gegenüber UMTS sind nicht zu erkennen. Lediglich zwischen den Netzbetreibern muss gefiltert werden. E-Plus und O2 sind unschlagbar in der Preisgestaltung. Hier müssen aber auch die Einschränkungen im Volumen und HSDPA-Verfügbarkeit hingenommen werden. Eine einmalige Überschreitung des Inklusivvolumens wird bei den beiden Anbietern nicht kundenfreundlich geregelt. Stattdessen muss nach Verbrauch der 5 GB jedes weitere MB bezahlt werden. Auch die Netzabdeckung hinkt bei den beiden hinterher und konzentriert sich lediglich in Ballungszentren.

Der Nachteil bei T-Mobile sind die Begrenzungen im Inklusivvolumen und in der Inklusivzeit. Bei vodafone hat man für 10,00 € mehr unbegrenztes Surfvergnügen. Sollte es bei begrenzter Volumenzahl zu Überschreitungen kommen, gehen T-Mobile und vodafone mit ihren Kunden wesentlich toleranter um. Erst nach 2 Monaten in Folge wird jedes MB zusätzlich berechnet. Die Daten-Sticks sind mittlerweile bei jedem Anbieter erhältlich. Lediglich bei T-Mobile sind zur Zeit nur Reservierungen möglich. Diese Sticks bringen eine Software mit, die sich leicht installieren lässt und somit eine komfortable Bedienung und einfache Einrichtung möglich macht.

Die UMTS-Flatrates von T-Mobile und vodafone können auch im schnellen HSDPA-Netz genutzt werden. Beide haben das schnellste und stabilste HSDPA-Netz in Deutschland mit bis zu 7,2 Mbit/s.

Ich habe die UMTS/HSDPA-Netzabdeckung überprüft, die Datenübertragungsraten verglichen und auch die technischen Voraussetzungen für die mobile Kommunikation im Zusammenhang mit dem Tarif- und Anbietervergleich transparent gemacht. Diese Vorgehensweise verschaffte mir einen Überblick des WLAN- bzw. Mobilfunkmarktes. Die daraus gewonnenen Erkenntnisse sind für unsere Planung sehr hilfreich und können ohne zusätzliche bauliche Veränderungen und ohne DSL-Anschluss im Wohnhaus unserer Kundin umgesetzt werden. Auch hinsichtlich der Kosten wurde ein angemessenes Verhältnis zu DSL-basierten Systemen gefiltert. Das System der Tochter und deren Nutzung des UMTS Broadband von vodafone wird ebenfalls in unsere Planung einbezogen, so dass das Einstecken einer separaten Datenkarte oder das Aufsuchen eines Hotspots (öffentliche drahtlose Internetzugriffspunkte) entfallen kann. Die Betriebskosten für ein Notebook mit integriertem UMTS Broadband sind geringer als mit einer Steckkarte. Diese Kostenbegrenzung wird durch die herstellerspezifische Anpassung der UMTS Broadband Lösung ermöglicht. Der Energieverbrauch des Notebooks sowie dessen Zuverlässigkeit und Lebensdauer werden optimiert. Entsprechend seltener sind Nachrüstungen.

4. Kundengerechte Dokumentation der Ergebnisse

Die anschließende Dokumentation dient als Grundlage für die Planung und Kalkulation eines Notebook-Systems für unsere Kundin. Hier wird meine Auswahl von Lösungen als Entscheidungsgrundlage für unsere Kundin dargestellt und mit den Anforderungen vereinbart. Grundsätzlich werden in den Empfehlungen die Kosten aufgeführt, um unserer Kundin am Ende einen Überblick über die Anschaffungsfinanzierung und die laufenden Kosten gestalten zu können. Zum besseren Verständnis und zur Veranschaulichung werden Grafiken genutzt.

4.1 Hard- und Softwareempfehlung

Da die Beschaffung der Hardware zu den, für unsere Kundin besten Konditionen erfolgen soll, wird der Einkauf bei Acer zum nebenstehenden Betrag von **1.437,00 €** empfohlen. Zusätzlich besteht die Möglichkeit das Notebook für monatlich **7,99 €** gegen Diebstahl und Beschädigung bei **JAMBA** zu versichern. Dieser Versicherungsschutz ist einmalig und wird von mir hinsichtlich der nicht unerheblichen Anschaffungshöhe empfohlen. (Anlage 3)

Die Anschaffung eines Druckers kann entfallen, da der bereits vorhandene Drucker der Tochter mit Einsatz des in Punkt 4.3 empfohlenen Routers eine gemeinsame Druckernutzung möglich macht.

Trotz der höheren Anschaffungskosten empfehle ich unbedingt das Office Paket 2007. Zum einen arbeitet die Tochter mit diesem Paket und zum anderen basieren sämtliche Kursempfehlungen zur individuellen Weiterbildung auf Office 2007, so dass gerade bei Anfängern eine Umsetzung bei der privaten Nutzung möglich ist.

Für die Bild- und Videobearbeitung ist das Photoshop-Paket vorteilhaft, da auch hier die Kursempfehlung mit dieser Software vereinbar ist.

Anschaffungsfinanzierung	
Notebook-System	1.437,00 €
Office 2007	122,99 €
Software für Bild- und Videobearbeitung	148,75 €
Router	199,99 €
Gesamtsumme	1.908,00 €

monatliche Belastung	
Grundgebühr	9,52 €
Mobile Connect Flate	49,95 €
Zwischensumme	59,47 : 2 = 29,74 €
JAMBA Schutzbrief	7,99 €
Gesamtsumme	37,73 €

Schulungskosten	
Computergrundlagen	81,60 €
Word (Textverarbeitung)	81,60 €
Excel (Tabellenkalkulation)	82,50 €
Bild- und Videobearbeitung	52,20 €
Gesamtsumme:	297,90 €

Um die beiden Notebooks zu einem WLAN-Netzwerk verbinden zu können, empfehle ich einen UMTS-fähigen Router einzusetzen. Neben einer Internetverbindung können auch andere Komponenten wie Drucker, Dokumente oder Datendienste von Mutter und Tochter gemeinsam genutzt werden. Es wird dafür nur eine Verbindung zum Mobilfunkprovider aufgebaut. Diese Verbindung wird dann allen am UMTS Router angeschlossenen Notebooks und Peripheriegeräten verfügbar gemacht. Der UMTS-Router stellt dann die Kernkomponente der Netzwerkausrüstung dar. Er fungiert als Netzwerkzentrale – und das mit Hilfe HSDPA in DSL-Geschwindigkeit. Der Router ist einfach zu handhaben und bietet gute Sicherheitsfeatures auch für die private Nutzung.

Und so funktioniert ein UMTS-Router:

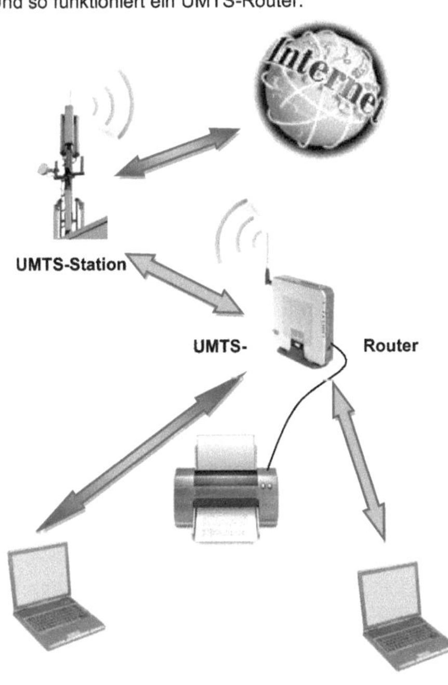

Die Tochter nutzt bereits einen Zugang zum Internet über das im Notebook integrierte UMTS Broadband (HSDPA) von Vodafone. Daraus ergibt sich jetzt ein erheblicher Vorteil für beide Seiten im Hinblick auf

die laufenden Kosten. Ein Abschluss eines neuen Kundenvertrages bei Vodafone kann für unsere Kundin somit entfallen, da die vom Router unterstützte Datenkarte gemeinsam genutzt werden kann. Mutter und Tochter zahlen nur einmal die Grundgebühr und teilen sich die Kosten der gewählten Flatrate-Option.

Per WLAN-Verbindung können bis zu 4 verschiedene Endgeräte wie z. B. Netzwerkdrucker an den Vodafone UMTS-Router angeschlossen werden. Dies ist für unser System völlig ausreichend – es betrifft lediglich 2 Notebooks und einen Drucker. Mit einer Vodafone Mobile Connect Card ‚UMTS-Broadband (HSDPA)‘ wird die UMTS-Verbindung zum Internet oder zum Netzwerk aufgebaut. Die Mobile Connect Card <u>kann</u> auch entnommen und separat für den mobilen Einsatz der Notebooks verwendet werden. In unserem Fall ist dieser Vorteil aufgrund des integriertem UMTS-Modems nebensächlich.

Ich empfehle daher die Beschaffung des Routers von Vodafone zum einmaligen Preis von **199,90 €** inkl. Mwst. und zugleich die **MCC UMTS Broadband Express Card** zu einer monatlichen Grundgebühr von **9,52 €** mit der Zusatzoption **Mobile Connect Flat Plus** in Höhe von monatlich **49,95 €** in das System zu integrieren. Mit der ausgewählten Flatrate sind keine Begrenzungen in Zeit und im Volumen verbunden, so dass die beiden unabhängig voneinander surfen und Daten austauschen können. Die Datenkarte selbst bietet Vodafone mit Kundenvertrag (mind. 24 Monate Laufzeit) zum symbolischen Preis von **1,00 €** an.

Die Karte ermöglicht den flexiblen, komfortablen und schnellen Zugriff auf das Internet und Netzwerk mit den beiden Notebook-Systemen. Sie vereint UMTS Broadband (HSDPA), UMTS und GPRS (General Packet Radio Service) in einer einzigen kompakten Modemkarte. Mit der neuen HSUPA-Technologie (High Speed Uplink Packed Access) sind jetzt Uploads bis 1,45 Mbit/s und Downloads bis zu 7,2 Mbit/s möglich. Sie beinhaltet die Software BusinessDataPro8 und die Vodafone Mini-SIM-Karte. Router und Software unterstützen alle Betriebssysteme ab Windows 2000, so dass die Tochter mit Windows XP ebenfalls keinerlei Probleme bei der Nutzung haben wird.

4.4 Sicherheitsmaßnahmen

Genau wie drahtgebundene müssen drahtlose Systeme vom Nutzer gesichert werden. Die Verbindung zwischen Notebook und Router bzw. UMTS-Station kann jeder herstellen, auch böswillige Hacker. Das drahtlose Netzwerk muss bereits mit der Konfiguration des Routers über den Browser verschlüsselt werden. Im Konfigurationsmenü kann der Nutzer alle Sicherheitseinstellungen vornehmen.

Ein Sicherheitsrisiko besteht u. a. in der Reichweite. Die Funksignale machen nicht an den Außenwänden der Wohnung halt. Dadurch kann man zwar im Garten WLAN nutzen, andererseits kann jeder außerhalb der Wohnung Signale empfangen. Einen Missbrauch kann man mit der Verwendung richtiger **Passwörter** verhindern. Es sollten deshalb alle Passwörter, auch des Konfigurationsmenüs geändert werden. Auch hier gilt: Am besten eine unübliche Folge von Zeichen und Ziffern eingeben - keine Geburtsdaten, keine Namen oder Wörter, die im Wörterbuch stehen.

Während der Konfiguration kann entschieden werden, ob der Router beim Einschalten automatisch eine Internetverbindung aufbaut oder nur bei Bedarf. Der **automatische Aufbau** sollte unterdrückt werden, da es vorkommen kann, dass der Rechner Verbindungen zu unerwünschten Seiten aufbaut, ohne dass es bemerkt wird.

Ebenfalls sollte sofort der **Name des Netzwerkes** geändert werden. Der vorinstallierte Name gleicht sich häufig, wie z. B. W-LAN, Funknetz oder Wireless. Hier ist ein Name zu wählen, der diesen Wörtern nicht ähnlich ist.

Jede Netzwerk-Hardware hat eine eindeutige physikalische Adresse: die so genannte MAC-Adresse (Media Access Control bzw. Ethernet-ID). Router können nur so konfiguriert werden, dass nur Rechner mit ihnen Kontakt aufnehmen können, die in einem Adressenverzeichnis aufgeführt sind. Dabei sind alle Rechner des Netzwerkes in diese **Access Control List** (ACL) einzutragen. Das hat zur Folge, dass nur diese Rechner mit dem Router kommunizieren dürfen.

Bei der **SSID-Einstellung** (Service Set Identifier) „sichtbar" kann jeder, der die Funksignale mit seinem Rechner empfängt sehen, wie das Netz heißt. Das WLAN ist sicherer, wenn Außenstehende das Netz erst gar nicht sehen können. Also sollte die SSID auf „unsichtbar" eingestellt werden, so dass man das Netz nur sehen kann, wenn man weiß wie es heißt.

Die wichtigste Einstellung im Konfigurationsmenü ist die **Verschlüsselung**. Durch die Verschlüsselung einigen sich Notebook und Router bzw. UMTS-Anlage auf eine „Geheimsprache"., die nur dieses Trio versteht, so dass ein Fremder nicht „mitreden" kann. Das sichere und aktuelle Verfahren ist WPA (Wi-Fi Protected Access) mit dem so genannten **PSK-Schlüssel** **(Pre-Shared-Key)**. **Diese** Verschlüsselungsart hat bisher niemand geknackt.

Hersteller statten die Router in der Regel mit einer **Firewall** aus. Die schützt das Netzwerk gegen Angriffe von außen. Durch entsprechende Einstellungen in der Firewall, reagiert der Router nicht auf Ping-Anfragen und gibt kein „Echo" zurück. Der Router ist für Hacker somit nicht existent.

Diese Einstellungen werden wir – das Einverständnis unserer Kundin vorausgesetzt – im Zuge der Hard- und Softwareinstallation vor Ort vornehmen.

4.5 Kursempfehlungen und Preise

Unsere Kundin arbeitete noch nie an einem PC und möchte mit dem Notebook-System Ihre ersten Erfahrungen machen. Für die richtige Bedienung des neuen Notebook-Systems sind zumindest die grundlegenden Dinge erforderlich. Im weiteren Verlauf ist das Selbststudium das A und O. Der Umgang und das Zusammenspiel mit Hard- und Software ist ein langer Lernprozess im Verständnis spezieller Anwendungen.

Aus diesem Grund empfehle ich ihr einen PC-Kurs ohne notwendige Vorkenntnisse in der Volkshochschule Zwickau, den sie bis zur Implementierung des eigenen Notebook-Systems ablegen kann. Im Kurs wird inhaltlich die Benutzung der Hardware, der Sinn eines Betriebssystems, Anwenderprogrammarten und deren Nutzung sowie das Surfverhalten und E-Mail-Funktionen behandelt. Damit hat unser Kundin ein Bild von den Einsatzmöglichkeiten des PC's und kann diesen auf eine erste Weise nutzen. Der Kurs dauert insgesamt 12 Wochen und kostet **81,60 €**. (Anlage 4)

4.5.1 Textverarbeitung

Nachdem die Kundin weiß, wie die Geräte bedient und Programme gestartet und beendet werden, findet ein 8-wöchiger Anschlusskurs für Office 2007 statt. Der Kurs vermittelt übergreifendes Wissen und schafft die Grundlage für professionelle Arbeit mit den wichtigsten Funktionen von Word 2007. Unsere Kundin ist danach in der Lage, Dokumente nach DIN 5008 zu erstellen und Office-Elemente miteinander zu verknüpfen. Dieser Kurs ist die Basis, um ihre Tochter bei der Arbeit unterstützen zu können. Die Kursgebühren betragen **81,60 €**. (Anlage 5)

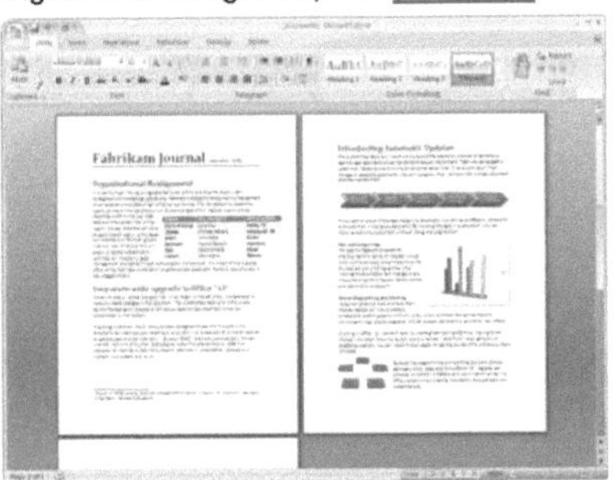

4.5.2 Tabellenkalkulation

Im Anschluss daran findet an 5 Wochentagen ein Excel-Grundkurs statt. Der Inhalt umfasst die richtige Formatierung von Spalten und Zeilen, Sortierfunktionen, Formeleingabe und automatisierte Berechnungen, Diagrammerstellung einschl. Beschriftungen und ein Ausflug ins Datenbank-Management und in die Makroprogrammierung. Die Kursgebühren betragen **82,50 €**. (Anlage 6)

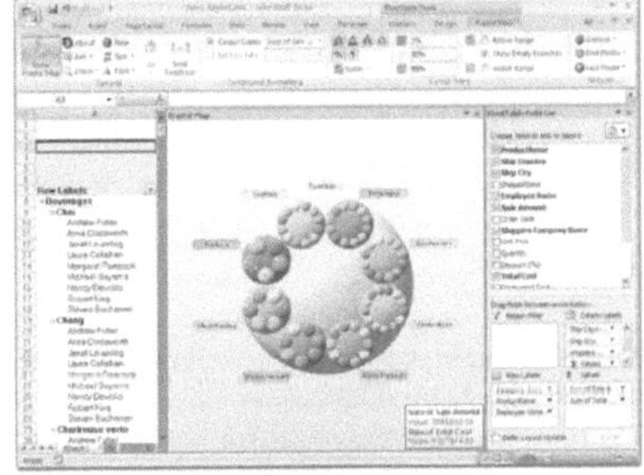

4.5.3 Bild- und Videobearbeitung

Da sich unsere Kundin dahingehend geäußert hat, Bildmaterial digital katalogisieren und Videos bearbeiten zu wollen, werde ich ihr nach einer sicheren Beherrschung des Notebooks einen weiteren Kurs über Digitale Bildbearbeitung empfehlen.

Dieser Kurs findet in regelmäßigen Abständen ebenfalls an der Volkshochschule Zwickau statt und beinhaltet die Grundlagen der Bildbearbeitung (Bildoptimierung, Werkzeuge, Retusche, Fotomontagen) mit dem Programm „Photoshop". Der Kurs dauert insgesamt 6 Wochen zum Preis von **52,20 €**. (Anlage 7)

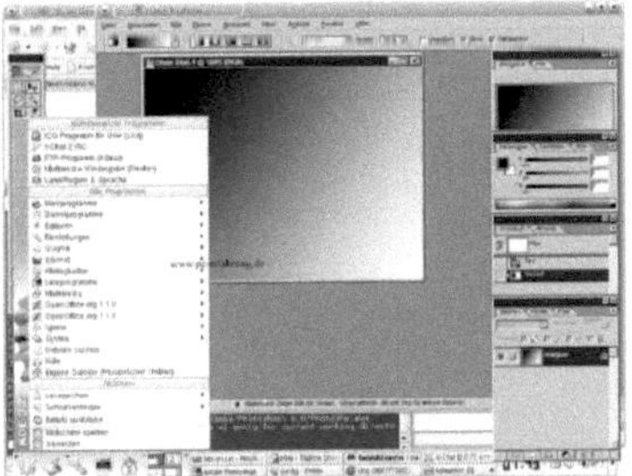

5. Zusammenfassung

Aufgrund der nicht vorhandenen Anschlusstechnik im Wohnhaus unserer Kundin stehen Lösungen, die auf kabelgebundene und/oder DSL-Standards basieren, nicht zur Wahl. Den aktuellsten Informationen nach befindet sich das UMTS/HSDPA-System (Broadband) entwicklungsmäßig auf der Überholspur gegenüber den DSL-basierenden Lösungen. Reichweite und Datenübertragungsraten sind gleich und mit HSDPA oder HSUPA sogar höher. Das Investitionsvolumen ist in unserem Fall mit einer Mobilfunklösung als am geringsten zu beurteilen. Die Favorisierung einer Lösung ist anhand der Daten nur schwer möglich, sofern diese nicht nur auf die Reichweiten- und Datensatzangaben der Hersteller gestützt sein soll. Für uns sind auch die Erfahrungswerte mit dem von der Tochter bereits genutzten Anbieters sowie die Möglichkeit der Kostenteilung mit Einsatz eines Routers sinnvolle Argumente für die Kaufentscheidung. Auch anhand der Prüfung einer UMTS/HSDPA-Abdeckung im Wohnort unserer Kundin lässt sich eine Empfehlung für   vodafone aussprechen.

Die mit der Installation eines Funknetzes verbundenen Investitionen gegenüber DSL-basierenden Modellen sind ein Negativ-Argument. Dieser Umstand amortisiert sich spätestens, wenn man berücksichtigt, dass in unserem Fall keinerlei Anschlusstechnik und Verkabelung vorhanden ist. Die nachträglichen Investitionskosten für DSL und Kabelsystem würden die Kosten der Mobilfunktechnik übersteigen und die Kabelkanäle zusätzlich das Erscheinungsbild der Wohnung beeinträchtigen.

Die technischen und preislichen Unterschiede der 2 Notebook-Systeme sind minimal. Auch persönliche Erfahrungen mit einem Hersteller konnte ich nicht zur Kaufentscheidung einbringen. Service- und Garantieleistungen unterscheiden sich nicht wesentlich. Beide Systeme unterstützen die UMTS/HSDPA-Technologie. Lediglich hinsichtlich der hohen Festplattenkapazität und dem integriertem SIM-Karten-Modul beim Acer-Notebook konnte ich eine Empfehlung aussprechen. Das festgelegte Budget in Höhe von **2.000,00 €** konnte eingehalten werden. Das Projekt kann innerhalb von 14 Tagen realisiert werden.

6. Literatur- und Quellenverzeichnis

Webseiten:

www.cebit.de

www.laptopkarten.de

www.connect.de

www.computerbild.de

www.test.de

www.t-mobile.de

www.vodafone.de

www.eplus.de

www.o2online.de

Fach- und Lehrbücher:

(1) Erdem, Hübscher, Scharke u. a.: Informationstechnik IT, Westermann Schulbuchverlag GmbH, Braunschweig 2004, 1. Auflage

(2) Hübscher, Petersen, Rathgeber u. a.: IT-Kompendium, Westermann Schulbuchverlag GmbH; Braunschweig 2005, 1. Auflage

(3) Hasenbein, Heinrich: Handbuch zur Abschlussprüfung IT-Berufe, Winklers Verlag, Darmstadt 2003, 2. Überarbeitete und erweiterte Auflage